Faculté de Droit de Paris.

THÈSE
POUR LA LICENCE.

L'acte public sur les matières ci-après sera soutenu, le jeudi 30 janvier 1845,
à onze heures du matin,

Par Pierre CHAFFIN, né à Châlon-sur-Saône
(Saône-et-Loire).

Président, M. VALETTE, Professeur.

Suffragants. { MM. DURANTON, ROYER-COLLARD, OUDOT, } Professeurs.
DELZERS, Suppléant.

Le candidat répondra en outre aux questions qui lui seront faites
sur les autres matières de l'enseignement.

PARIS.
IMPRIMERIE ET LITHOGRAPHIE DE MAULDE ET RENOU,
RUE BAILLEUL, 9 et 11.

1845.

Faculté de Droit de Paris.

THÈSE
POUR LA LICENCE.

L'acte public sur les matières ci-après sera soutenu, le jeudi 30 janvier 1845, à onze heures du matin,

Par Pierre CHAFFIN, né à Châlon-sur-Saône (Saône-et-Loire).

Président, M. VALETTE, Professeur.
Suppléants :
MM. DURANTON,
ROYER-COLLARD, } Professeurs.
OUDOT,
DELZERS, Suppléant.

Le candidat répondra en outre aux questions qui lui seront faites sur les autres matières de l'enseignement.

PARIS.
IMPRIMERIE ET LITHOGRAPHIE DE MAULDE ET RENOU,
rue bailleul, 9 et 11.
1845.

A mon Père et à ma Mère,

RESPECT, RECONNAISSANCE.

JUS ROMANUM.

DE ADOPTIONIBUS ET EMANCIPATIONIBUS.

(Dig. lib. I, 7; c. lib. VIII, 48; Gaius, I, § 97 à 123.)

In patria potestate sunt, non solum liberi qui justis nuptiis nascuntur, sed etiam alii qui legitimantur aut adoptantur. De his ultimis tantummodo inspiciendum est.

Adoptio actus est solemnis quo quis in locum filii nepotisve alicui subjicitur.

Duæ species adoptionis sunt: una quæ fit principis auctoritate, altera magistratûs imperio.

Principis auctoritate qui sunt sui juris, imperio magistratûs filiifamilias adoptantur: prima species adrogatio, secunda adoptio dicitur.

Illud utriusque adoptionis commune est, quod qui sunt spadones adoptare possunt, sed non castrati; et hoc non ad tempus vel sub conditione permissum est.

Qui adoptare desiderat, non natu minor sexaginta annis esse debet; quippe ante illam ætatem ad multiplicandos liberos naturales studere potest, nisi morbus aut valetudo impedimentum sit. Ille non plures sine justa causa, nec libertinum alienum, nec majorem minor adrogare potest; atque adrogator adoptivum plena pubertate antecedere debet.

Adrogatio olim auctoritate populi fiebat, hinc suum nomen trahit ; nam is qui adrogabat, rogabatur an vellet eum quem adoptaturus esset justum sibi filium esse, et is qui adoptabatur, an adrogari vellet, denique populus rogabatur an id fieri juberet.

Sed postea lege regia principi populi auctoritas data fuit, et nunc principis rescriptum adrogationem facit. Per hanc adoptionem, qui sui juris in potestate sua habet liberos, non solum se ipsum, sed etiam hos liberos in potestate adrogatoris transfert.

Hæc antiqua adrogatio, populo præsente, in comitiis permittebatur; itaque impuberes et fœminæ sui juris non adrogari poterant, dum non eis in comitia intrare liceret. Sed nunc principali voluntate impuberes ac fœminæ possunt patriam potestatem acquirere. Hæc adrogatio eis solum permittitur, causa cognita et cum quibusdam conditionibus.

Adrogator cavere debet, si impubes decessit, se restiturum iisdem personis omnia quæ ad illas pervenissent, si pupillus non adrogatus fuisset. Non adrogatori emancipare adoptivum licet sine justa causa, et is bona ejus reddere cogitur ; sed si eum emancipavit, aut etiam ex justa causa exhæredavit, non solum adrogatus omnia sua bona, sed etiam quartam partem bonorum adrogatoris obtinebit.

Ad propriam adoptionem transimus.

Fiebat quondam adoptio per imaginarias venditiones et intercedentes manumissiones ; sed deinceps imperio magistratûs, apud quem legis actio est, adoptare licuit. Cui in adoptione dato opus non est consentire ; sed solum præsenti non contradicere.

Impuberes ac fœminæ adoptari possunt ; item filiusfamilias potest quasi vel filius, vel nepos ; sed si paterfamilias, qui filium possidet, aliquem adoptare vult quasi nepotem et natum hujus filii, consensum illius obtinere necesse est ; nam post mortem patrisfamilias hic nepos in potestate erit filii. Si vero consensus filii non obtinetur, mortuo avo, nepos non in potestatem filii recidit.

Pristino jure, filiusfamilias per adoptionem familia naturali exibat, et in potestatem patris adoptivi transibat, et omnia jura naturalia perdebat. Justinianus autem jura integra naturæ servavit, atque solum patris adoptivi ab intestato hæreditatem dedit ; nisi adoptio fit ab avo, vel proavo filiifamilias.

Patria potestas aut patris naturalis aut adoptivi per emancipationem amittitur.

Olim filius vel filia emancipabatur per venditiones imaginarias, tres ad filium, unicam ad filiam aut nepotem, intercedente manumissione. Postea paterfamilias rescripto principis ; denique coram magistratu competente, emancipare potuit, etiam absente filio.

Qui est in patria potestate nullo modo exigere potest ut ab illa dimittatur ; nisi, impubere adoptato, pubes factus non expedire sibi in potestatem patris adoptivi redigi æstimet. Tunc ille magistratum adit, qui, cognita causa, emancipationem per judicium concedit.

DE PATRIA POTESTATE.

(C. lib. VIII, 47; c. lib. VI, 61.)

Patria potestas est jus proprium civium Romanorum; nam nulli sunt alii homines qui talem in filios suos potestatem qualem habent Romani.

In patria potestate sunt liberi ex justis nuptiis procreati; virili sexui hæc potestas competit, nunquam matri, quæ caput et finis familiæ suæ; extenditur non tantum in filios et filias, sed etiam in nepotes neptesve, et cæteros deinceps liberos; nam pater non sui juris nunquam liberos suos possidet; nec liberi filiæ tuæ in tua familia sunt, sed in ea sui patris.

In antiquo more, jus vitæ et necis habebat paterfamilias, attamen libertas tam in honore erat apud Romanos, quam non illam eripere poterat; sed postea mores amœniores hunc rigorem correxerunt, et nequidem illum noxalem dare permiserunt. Jus corrigendi modice filium patri tantummodo superest. Denique pater, qui suos liberos occidit, ad pœnam parricidii condemnatur.

Quidquid liberi acquirebant, patrifamilias acquirebatur; attamen peculia castrensia et quasi castrensia quæ componantur bonis acquisitis in re militari, aut quibusdam publicis muneribus, proprie ad liberos pertinebant. Ad exemplum peculii castrensis proprietatem acquirebant filii bonorum, quæ proveniebant ex successione matris aut avi materni, ex donatione propter nuptias et ex aliis extrinsecus.

Attamen horum bonorum ususfructus ad patrem pertinebat; nisi de hæreditate adeunda a patre et a filio dissensus oriretur, quo casu res ita habebat: si filius recusat, tota hæreditas ad patrem pertinet, si pater, tota ad filium. Excipiuntur pariter bona quæ filio donata sunt, hac conditione adjecta, ne ad patrem ususfructus perveniat, et quæ ex hæreditate fratris sororisve proficiscuntur, ad quam una cum patre admittuntur filii.

Si olim pater liberos emancipavisset, retinendi tertiam partem bonorum ejus in nuda proprietate, pro emancipationis pretio, habebat jus; sed Justinianus decrevit ut pater dimidiam partem, non dominii rerum, sed ususfructus tantum retineret.

DROIT FRANÇAIS.

DE L'ADOPTION ET DE LA TUTELLE OFFICIEUSE.

(Code civil, liv. Ier, art. 343 à 370.)

CHAPITRE PREMIER.

DE L'ADOPTION.

L'adoption est une institution qui était en usage chez les peuples les plus anciens, les Hébreux, les Assyriens, les Égyptiens ; les Romains l'ont particulièrement encouragée pour perpétuer ces illustres familles qui faisaient leur force, et dont le nom rehaussait leur orgueil national.

En France, avant la Révolution, l'adoption proprement dite n'était pas en usage ; cependant on peut lui trouver quelque analogie avec cette coutume de disposer par institutions contractuelles ou testamentaires, à la condition que le donataire ou l'héritier porterait le nom et prendrait les armes du donateur ou testateur.

Le 18 janvier 1792, l'assemblée nationale admit le principe de l'adoption, mais sans en régler ni les conditions, ni les formes, ni les effets.

Ce principe, une fois admis, fut appliqué de différentes manières, lorsque le législateur de l'an XI, prenant pour modèle la législation romaine réformée par Justinien, promulgua la loi du 12 germinal ; et pour rendre valables les adoptions faites dans le temps intermédiaire, il porta un décret le 25 germinal de la même année.

Par une heureuse fiction, la loi peut rendre à un citoyen les enfants que la mort lui a enlevés, ou lui donner les douceurs de la paternité si la nature les lui a refusées.

L'adoption peut être définie : un contrat solennel sanctionné par la justice, qui, tout en laissant l'adopté dans sa famille naturelle, établit entre lui et l'adoptant des rapports de paternité et de filiation purement civils.

On peut distinguer plusieurs adoptions, non quant à leurs effets, mais quant à leurs conditions : l'adoption ordinaire, l'adoption rémunératoire et l'adoption testamentaire. Cette dernière adoption étant liée en droit avec la tutelle officieuse, nous ne les séparerons pas.

§ I. — CONDITIONS DE LA PART DE L'ADOPTANT DANS L'ADOPTION ORDINAIRE.

Il faut : 1° Qu'il jouisse de ses droits civils. Cette institution étant de droit civil, ne peut être accordée qu'à ceux qui jouissent de leurs droits civils et en ont le libre exercice.

2° Il ne doit avoir à l'époque de l'adoption ni enfants ni descendants légitimes. La loi a pour but de donner des enfants à ceux qui n'en peuvent avoir, lorsqu'ils en ont, ce motif n'existe plus.

3° Il doit avoir cinquante ans accomplis. A cet âge on n'a plus à craindre que l'adoption soit un éloignement pour le mariage, et il est en outre probable que l'adoptant, s'il est marié, n'aura pas d'enfants.

4° Il doit avoir au moins quinze ans de plus que l'adopté. Il est juste en effet que cette fiction s'approche autant que possible de la réalité.

5° Celui qui veut adopter, s'il est marié, doit obtenir le consentement de son conjoint. Cela est exigé pour maintenir l'harmonie et le bon accord entre les deux époux.

6 Il faut que l'adoptant ait donné à l'adopté dans sa minorité, et pendant six ans au moins, des soins non interrompus. Cette condition remplie, on peut être sûr que l'adoption est le résultat d'une idée réfléchie et non celui d'un caprice.

7° Enfin il doit jouir d'une bonne réputation. L'adoption sur ce point, plus encore que sur tous les autres, doit être favorable à l'adopté. Du reste les tribunaux ont un pouvoir discrétionnaire à cet égard.

De la part de l'adopté les conditions exigées sont celles-ci :

1° Il doit comme l'adoptant et pour les mêmes motifs jouir de ses droits civils.

2° Il doit être majeur. La majorité est nécessaire pour souscrire des engagements aussi importants.

3° S'il est âgé de moins de vingt-cinq ans, il doit avoir le consentement de ses père et mère ; après avoir atteint cet âge, il n'a besoin que de leur conseil, dans la forme des actes respectueux exigés pour le mariage ; un seul acte suffit. Il ne peut être adopté par une seconde personne, si ce n'est par le conjoint de l'adoptant.

§ II. — DES FORMES DE L'ADOPTION.

Le bienfait de l'adoption est accordé par toute personne de l'un ou de l'autre sexe, qui réunit les conditions énumérées dans le paragraphe précédent. Cette institution est soumise en outre à de nombreuses formalités, qui en font le contrat le plus solennel.

La personne qui veut adopter et celle qui veut l'être, doivent se présenter devant le juge de paix du domicile de l'adoptant, pour y passer acte de leurs consentements respectifs. Dans les dix jours suivants, la partie la plus diligente remet une expédition de cet acte au procureur du roi près le tribunal dans le ressort duquel se trouve le domicile de l'adoptant, pour qu'il soumette cet acte à l'homologation du tribunal : celui-ci, réuni dans la chambre du conseil, vérifie si toutes les conditions exigées par la loi sont remplies, et après avoir pris les informations nécessaires sur la moralité de l'adoptant, rend un jugement sans énonciation de motifs, en ces termes : *Il y a lieu* ou *il n'y a pas lieu à l'adoption.*

Dans le mois suivant, la partie la plus diligente soumet à la Cour d'appel, le jugement du tribunal de première instance ; ce nouveau jugement est rendu dans les mêmes formes que le premier et après les mêmes précautions ; sans énoncer de motifs, il porte que le jugement est *confirmé* ou *réformé*, en conséquence, *il y a lieu* ou *il n'y a pas lieu à l'adoption.*

Tout arrêt de Cour royale qui admet une adoption, doit être prononcé à l'audience, et affiché en tels lieux et en tel nombre d'exemplaires que la Cour juge convenable.

Enfin, dans les trois mois qui suivent cet arrêt, l'une ou l'autre partie fait inscrire l'adoption sur les registres de l'état civil du domicile de l'adoptant. Si cette inscription n'est pas faite dans ce délai, l'adoption reste sans effet.

Nous venons de voir que l'acte d'adoption doit être homologué par le tribunal de première instance, et confirmé par la Cour royale ; ces nombreuses formalités sont exigées parce que l'adoption change l'état des personnes ; et l'intervention des tribunaux est utile pour donner un caractère respectable à cette institution.

§ III. — EFFETS DE L'ADOPTION.

L'adopté reste dans sa famille naturelle, et y conserve tous ses droits ; d'où il suit qu'il n'existe ni parenté ni alliance entre l'adopté et les parents et alliés de l'adoptant. Cependant le législateur, pour entretenir les bonnes mœurs dans la famille de l'adoptant, a cru devoir prohiber le mariage : 1° entre l'adoptant, l'adopté et ses descendants ; 2° entre les enfants adoptifs de la même personne ; 3° entre l'adopté et les enfants qui pourraient survenir à l'adoptant ; 4° entre l'adopté et le conjoint de l'adoptant, et réciproquement entre ce dernier et le conjoint de l'adopté.

L'adopté ajoute à son nom celui de l'adoptant.

Entre les père et mère et leurs enfants l'obligation réciproque de se fournir des aliments, est commune entre l'adopté et l'adoptant.

L'adopté a sur la succession de l'adoptant les mêmes droits qu'un enfant légitime, d'où il suit qu'il a droit à une réserve ; mais il n'a aucun droit sur les biens des parents de l'adoptant, à moins que ce dernier mourant après les avoir recueillis, les transmette dans sa succession.

L'adoptant ne succède pas à l'adopté ; cependant, si celui-ci mourait sans postérité, l'adoptant ou ses descendants pourrait reprendre dans sa succession les choses par lui données et qui existent encore en nature.

Si l'adopté meurt avant l'adoptant, et laissant des enfants légitimes qui meurent aussi avant lui, l'adoptant peut exercer le droit de retour dont nous venons de parler ; mais ce droit, dans ce cas, est inhérent à sa personne, et les héritiers de l'adopté sont préférés, même aux descendants de l'adoptant.

§ IV. — DE L'ADOPTION RÉMUNÉRATOIRE.

Dans l'adoption rémunératoire, l'adoptant n'a d'autre but que celui de récompenser l'adopté, du service qu'il lui a rendu en lui sauvant la vie. L'art. 345 dit qu'il sera permis d'adopter : « Celui qui aurait sauvé la vie à l'adoptant, soit dans un combat, soit en le retirant des flammes ou des flots. » Le législateur n'a pas voulu restreindre l'adoption à ces trois cas. Je crois que cet article n'est pas limitatif et qu'il est ainsi conçu par forme d'exemples ; car il y aurait un motif suffisant pour adopter, si la vie de l'adoptant avait été sauvée par l'adopté, dans la ruine d'un édifice. Il suffit, à mon avis, que ce dernier ait exposé ses jours pour l'adoptant. Du reste les tribunaux sont libres appréciateurs de ce fait, et on doit supposer qu'ils refuseraient l'adoption si elle déguisait quelque fraude.

L'orateur du gouvernement s'exprimait ainsi : « C'est une belle et noble idée, que celle qui fournit à la reconnaissance un moyen de s'acquitter si parfaitement proportionné aux services, et qui permet de donner le titre de fils et tous les avantages qui en résultent, à celui qui, si j'ose ainsi parler, en a rempli par avance les devoirs les plus sacrés. »

La loi a conservé à cette adoption les mêmes effets, et a exigé les mêmes formes, que pour l'adoption ordinaire. Quant aux conditions, il suffit à l'adoptant : 1° d'être majeur au lieu d'avoir cinquante ans ; 2° d'être plus âgé seulement, au lieu d'avoir quinze ans de plus que l'adopté ; 3° enfin, on n'exige pas qu'il ait donné pendant six ans des soins à l'adopté.

CHAPITRE II.

DE LA TUTELLE OFFICIEUSE ET DE L'ADOPTION TESTAMENTAIRE.

Une personne de l'un ou de l'autre sexe, qui veut s'attacher un mineur par un lien légal, le peut au moyen de la tutelle officieuse.

La tutelle officieuse est un contrat de bienfaisance, par lequel un individu s'engage à nourrir et élever un mineur, à administrer gratuitement sa personne et ses biens, et à le mettre en état de gagner sa vie.

Cette tutelle, entièrement inconnue sous l'ancien droit français, a été introduite par le Code civil, pour faciliter l'adoption, en accomplissant la condition exigée par l'art. 345, et en permettant au tuteur officieux d'adopter son pupille par testament, avant sa majorité.

Les conditions exigées sont : de la part du tuteur, 1° qu'il ait au moins cinquante ans ; 2° qu'il n'ait ni enfants ni descendants légitimes ; 3° qu'il obtienne le consentement de son conjoint s'il est marié; de la part du mineur, 1° qu'il soit âgé de moins de quinze ans ; 2° qu'il obtienne le consentement de ses père et mère, ou de l'un d'eux, si l'autre est empêché, ou de son tuteur autorisé par le conseil de famille ; enfin si le mineur n'a pas de parents connus, le consentement des administrateurs de l'hospice où il a été recueilli, ou s'il n'est pas dans un hospice, celui du maire du lieu de sa résidence.

On exige, pour toutes formalités, la rédaction du procès-verbal dressé par le juge de paix du domicile du mineur, sur la demande du tuteur et le consentement des père et mère du mineur. Nous voyons que ce procès-verbal n'a pas besoin, comme dans l'adoption, d'être homologué par le tribunal; la raison en est simple : c'est que la tutelle officieuse ne change pas, comme l'adoption, l'état des personnes ; ce n'est qu'un contrat de bienfaisance de la part du tuteur, pour donner des soins au mineur, et lorsque celui-ci aura atteint sa majorité, si le tuteur officieux veut l'adopter, il sera obligé, comme le dit l'art. 368, de procéder à l'adoption, en remplissant en tous points les formalités exigées dans le chapitre précédent pour l'adoption ordinaire.

Puisque, comme nous l'avons vu, le tuteur officieux doit élever et nourrir gratuitement le mineur; si celui-ci a des biens personnels, le tuteur ne doit point imputer sur ces biens les frais de nourriture et d'éducation. Il résulte des obligations du tuteur, que s'il vient à mourir avant la majorité du pupille et sans l'avoir mis en état de gagner sa vie, ses héritiers seront obligés de lui fournir des moyens de subsistance, dont la quotité et l'espèce seront réglées par eux et par les représentants du pupille, à l'amiable, ou judiciairement en cas de contestation.

Le tuteur, dans la prévoyance de son décès avant la majorité du pupille, peut l'adopter par testament : c'est ce que l'on appelle adoption testamentaire. Il a cette faculté après avoir donné pendant cinq ans des soins au pupille ; elle diffère en cela de l'adoption ordinaire, qui exige six ans; elle diffère encore, en ce qu'elle peut être faite en faveur d'un mineur, et de plus, que le tuteur officieux n'a pas besoin du consentement de son conjoint, car elle ne doit avoir son effet qu'après la dissolution du mariage.

Le tuteur officieux n'est point obligé d'adopter le mineur; cependant, comme cette tutelle peut faire présumer qu'il en a eu l'intention, dans les trois mois qui suivent la majorité du pupille, celui-ci peut faire à son tuteur des réquisitions à fin d'adoption ; si elles sont restées sans effet, et s'il se trouve dans l'impossibilité de subvenir à ses besoins, il pourra faire condamner son tuteur officieux à une indemnité qui se réduira en secours propres à lui procurer un métier, le tout sans préjudice des autres stipulations, à moins, toutefois, que le pupille soit dans cet état d'incapacité par sa faute ou sa mauvaise conduite. Le pupille n'aurait droit à aucune indemnité s'il refusait l'adoption.

Enfin, comme tout gérant des deniers d'autrui, le tuteur officieux est tenu de rendre compte si le pupille possède quelques biens.

DE LA PUISSANCE PATERNELLE.

(Code civil, art. 371 à 387, — loi du 21 mars 1832, art. 32.)

La puissance paternelle est un droit qui se rencontre chez tous les peuples, avec plus ou moins d'extension. Dans l'ancien droit romain, ce pouvoir était exorbitant : le père regardait ses enfants comme sa chose; il pouvait les vendre, et même il avait sur eux le droit de vie et de mort. Plus tard cette rigueur fut tempérée, et les principes de ce nouveau droit romain furent suivis, sauf quelques modifications, par le droit écrit.

Dans les pays coutumiers, au contraire, on considérait la puissance paternelle comme principalement fondée sur l'intérêt des enfants; c'était une conséquence des devoirs imposés aux parents; cette puissance était accordée au père et à la mère, le père seul en avait l'exercice pendant le mariage.

C'est ce droit des pays coutumiers qui a servi de guide aux rédacteurs du Code.

Dans l'acception étendue du mot, la puissance paternelle comprend l'ensemble des droits des père et mère sur la personne et les biens de leurs enfants; dans une acception plus restreinte, elle désigne le devoir qui est imposé aux père et mère de les élever, de les nourrir et de les diriger; en conséquence, nous distinguerons dans la puissance paternelle les droits sur la personne, et les droits sur les biens des enfants.

§ I. — DROITS DE LA PERSONNE DE L'ENFANT.

Les droits de la puissance paternelle sur la personne des enfants consistent à les surveiller, à les diriger et à les maintenir dans la voie de l'honneur et de la probité. Afin que le père puisse plus facilement s'acquitter de cette noble tâche, les enfants sont forcés de demeurer dans la maison paternelle, ou dans celle qui leur est désignée. La faveur due au service militaire, a seule fait admettre une exception à cette règle : l'enfant âgé de vingt ans accomplis peut s'enrôler sans le consentement de ses parents (art. 32 de la loi du 21 mars 1832). Si les enfants donnent de graves sujets de mécontentement, le père peut employer la détention comme moyen de correction.

On distingue si l'enfant a plus ou moins de seize ans ; s'il a moins de seize ans, le père peut agir par voie d'autorité, et le faire détenir pendant un mois au plus ; le président doit, sur sa demande, délivrer l'ordre d'arrestation. S'il a plus de seize ans, le père ne peut agir que par voie de réquisition, et le faire enfermer pendant six mois au plus ; dans ce cas le président n'est plus forcé de délivrer l'ordre d'arrestation ; il en confère avec le procureur du roi, et il peut, après en avoir apprécié les motifs, abréger la détention requise par le père, ou la refuser.

Il y a trois cas où le père ne peut employer que la réquisition, lors même que l'enfant a moins de seize ans : 1° lorsqu'il est remarié et que l'enfant est issu d'un précédent mariage ; 2° lorsque l'enfant a des biens personnels ; 3° lorsqu'il exerce un état. Dans ces deux derniers cas, l'enfant peut adresser un mémoire au procureur-général, pour sortir de prison avant le terme fixé par le président.

Dans le cas d'arrestation, soit par voie d'autorité, soit par voie de réquisition, il n'y a aucune écriture ni formalité judiciaire, si ce n'est l'ordre même d'arrestation.

Puisque le père peut punir ou faire punir, il a le droit d'abréger la durée de la peine ; sauf à lui, si l'enfant commet de nouveaux écarts, d'ordonner ou de requérir sa détention, comme nous venons de le dire.

La mère n'a pas un droit de correction aussi étendu que le père ; après la dissolution du mariage, elle ne peut employer que la voie de réquisition, et de l'avis des deux plus proches parents paternels ; si elle se remarie, le droit de détention lui est absolument refusé.

§ II. — DROITS SUR LES BIENS DES ENFANTS.

C'est le père qui est chargé des frais d'entretien et d'éducation de ses enfants ; pour l'indemniser de ces dépenses, la loi lui accorde l'usufruit de leurs biens personnels ; cette jouissance dure jusqu'à ce que les enfants aient atteint leur dix-huitième année, ou jusqu'à leur émancipation, qui peut arriver avant cet âge. Après la dissolution du mariage, il appartient au survivant des père et mère ; toutefois, si la mère survivante se remarie, elle perd cet usufruit.

Cette jouissance s'étend sur tous les biens personnels des enfants, cependant il faut excepter :

1° Ceux qui leur sont acquis par un travail ou une industrie séparée ; pour exciter leur zèle et faire naître en eux l'amour du travail.

2° Ceux qui leur sont donnés ou légués avec la condition expresse que les père et mère n'en jouiront pas; cette condition n'a rien de contraire aux bonnes mœurs.

3º Les biens provenant d'une succession dont le père ou la mère a été exclu pour cause d'indignité, et à laquelle les enfants sont appelés de leur chef.

L'usufruit légal des père et mère s'éteint en outre, lorsqu'ils ont favorisé la corruption de leurs enfants; lorsqu'après la dissolution de la communauté, le survivant a négligé de faire inventaire; et à la différence de l'usufruit ordinaire, celui-ci cesse par la mort du mineur nu-propriétaire.

Les charges de cette jouissance sont : 1º celles auxquelles sont tenus les usufruitiers; 2º la nourriture, l'entretien et l'éducation des enfants selon leur fortune; 3º le paiement des arrérages de rente ou intérêts des capitaux, échus depuis l'entrée en jouissance; 4º les frais funéraires et de dernière maladie de la personne à laquelle l'enfant a succédé.

Nous terminerons en faisant observer que l'enfant naturel reconnu, comme l'enfant légitime, doit honorer et respecter ses père et mère; qu'il a besoin, comme lui, de leur consentement pour son mariage ou son adoption; mais que ses biens personnels ne sont pas, comme les siens, soumis à l'usufruit légal.

QUESTIONS.

Peut-on adopter son enfant naturel reconnu? — Oui.

L'adoption parfaite, par l'inscription sur les registres de l'état civil, peut-elle être révoquée par consentement mutuel? — Non.

L'adopté, pour compléter sa réserve, peut-il faire réduire les donations entre vifs? — Celles qui sont postérieures, mais non celles antérieures à l'adoption.